Piano Solo

THE WORLD'S GREAT CLASSICAL MUSIC

Debussy Piano Music

39 Intermediate to Advanced Pieces

EDITED BY RICHARD WALTERS

D1615423

Cover Painting: Claude Monet, *Path in the Artist's Garden*, 1902

ISBN 978-1-4234-8120-1

HAL•LEONARD® CORPORATION
7777 W. BLUEMOUND RD. P.O. BOX 13819 MILWAUKEE, WI 53213

In Australia Contact:
Hal Leonard Australia Pty. Ltd.
4 Lentara Court
Cheltenham, Victoria, 3192 Australia
Email: ausadmin@halleonard.com.au

Visit Hal Leonard Online at
www.halleonard.com

CONTENTS

Children's Corner
I. Doctor Gradus ad Parnassum

Claude Debussy
1862–1918

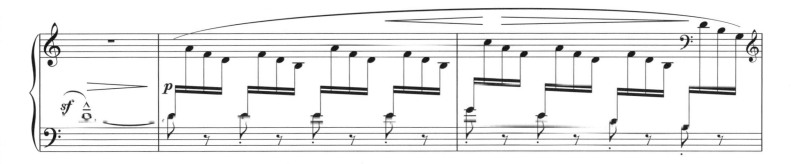

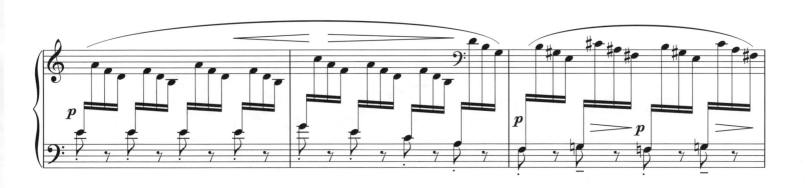

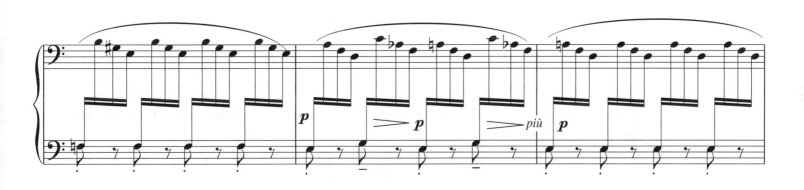

un peu retenu *a tempo*

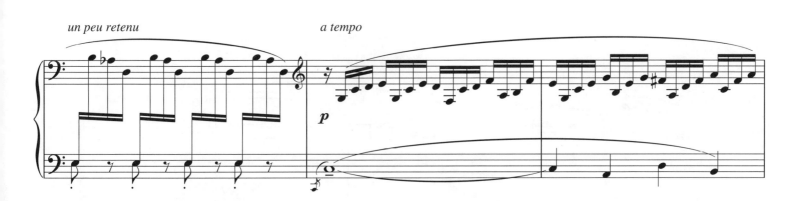

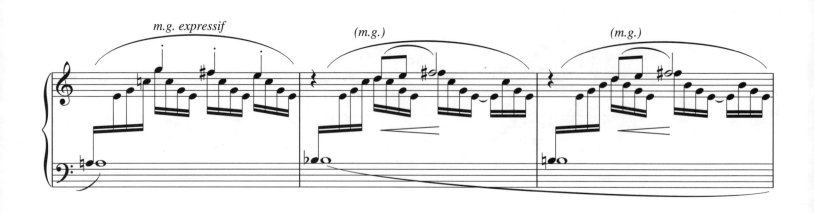

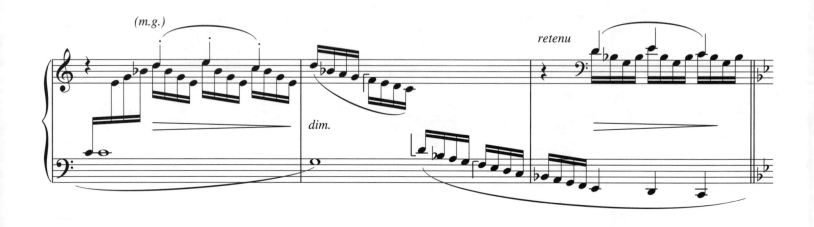

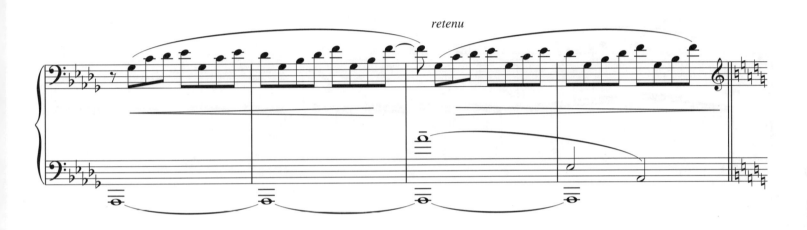

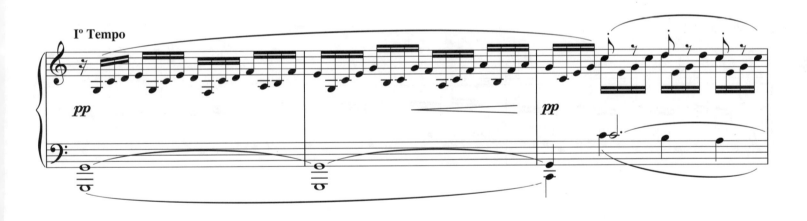

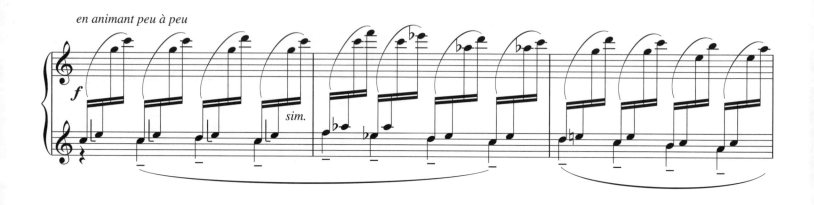

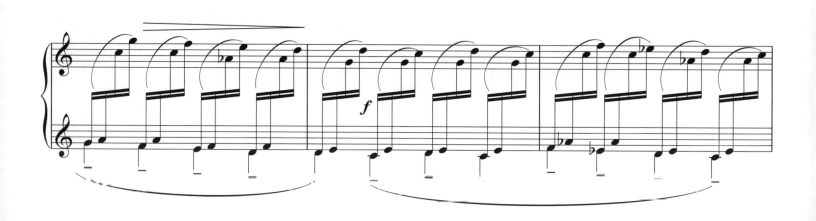

très animé

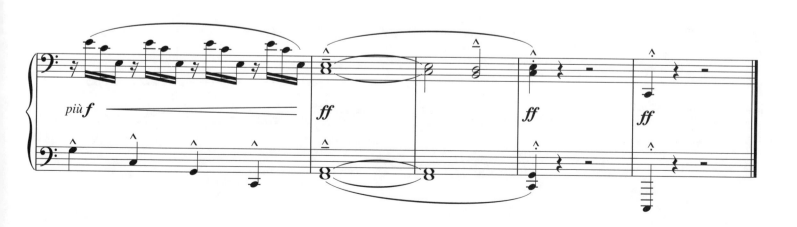

II. Jimbo's Lullaby

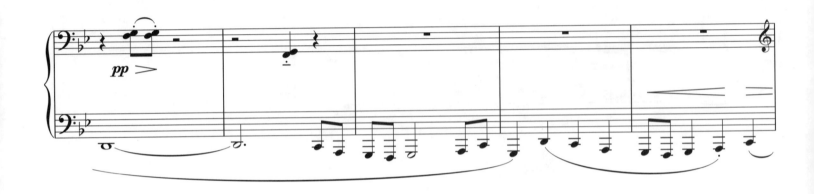

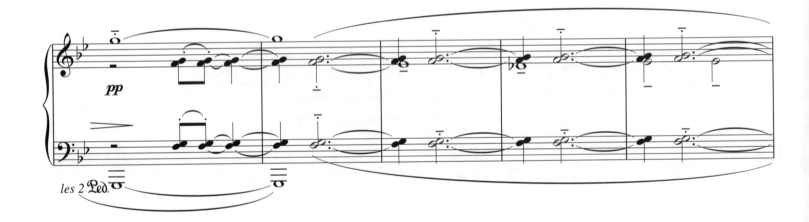

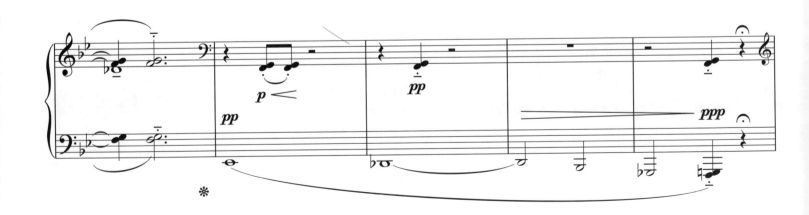

III. Serenade for the Doll

Allegretto ma non troppo
* Tres léger et gracieux

(la m.g. un peu en dehors)

(la m.d. un peu en dehors)

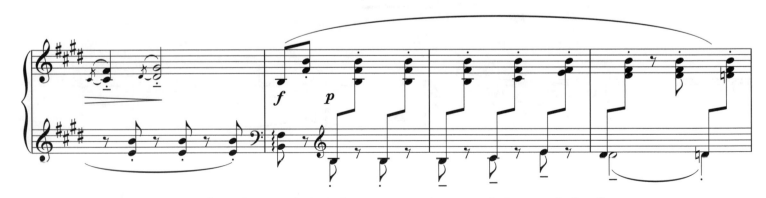

** Il faudra mettre la pédale sourde pendant toute la durée de ce morceau, même aux endroits marqués d'un **f**.*

IV. The snow is dancing

Modérément animé

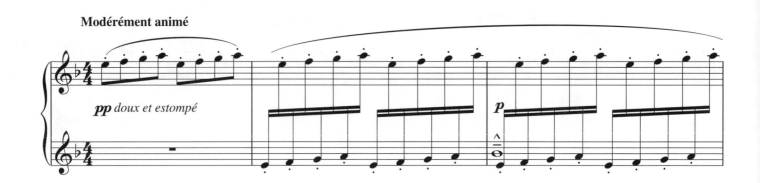

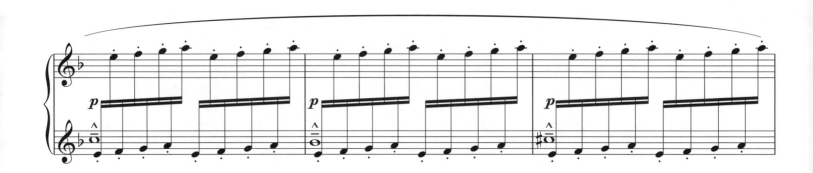

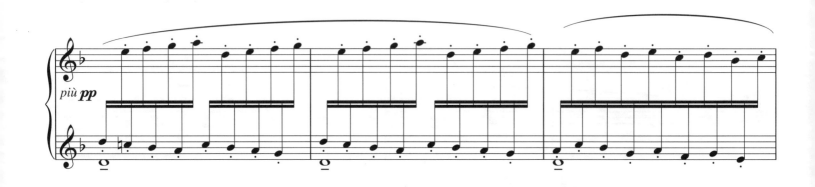

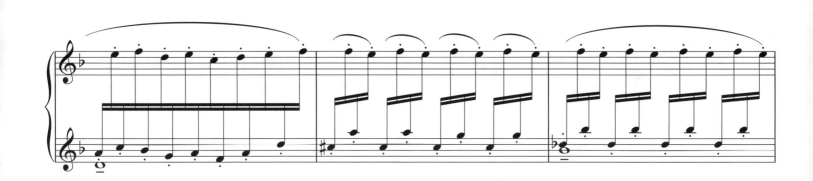

cédez un peu

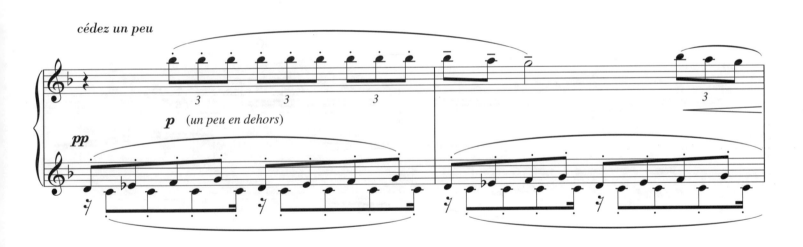

au mouv^t

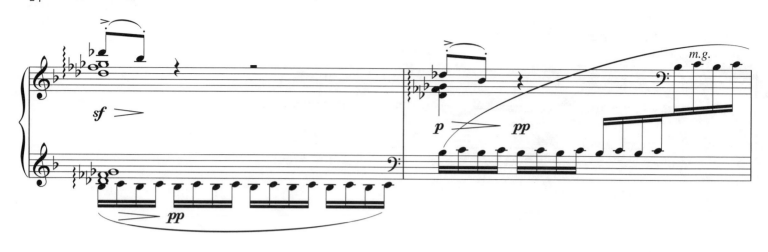

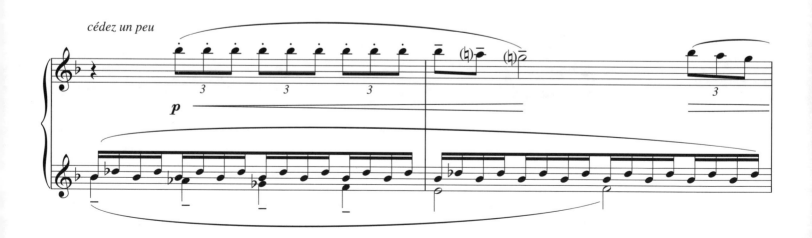

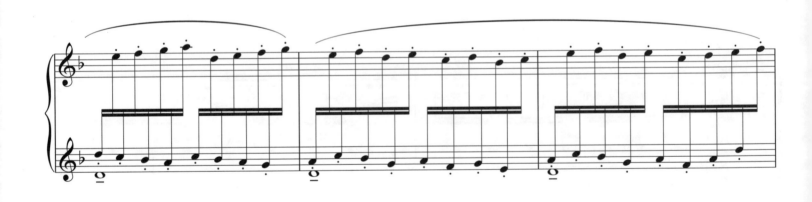

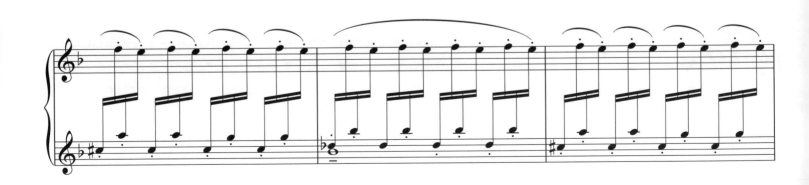

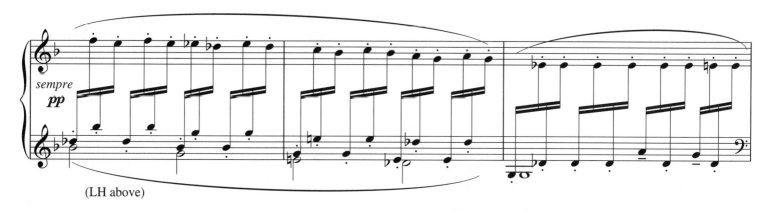

(LH above)

molto **pp** *e perdendosi*

sans retenir

V. The little Shepherd

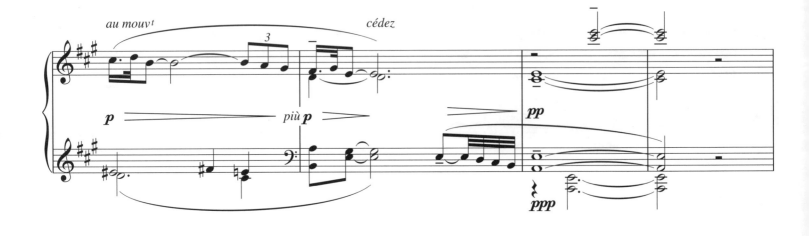

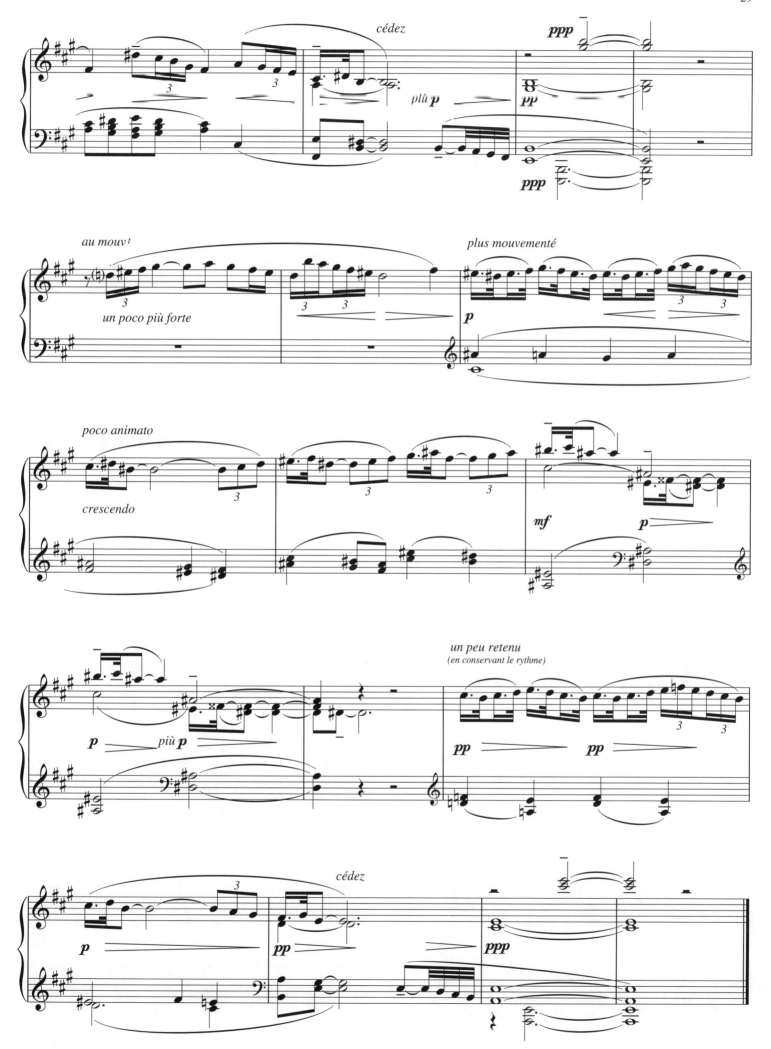

VI. Golliwogg's cake walk

Allegro giusto

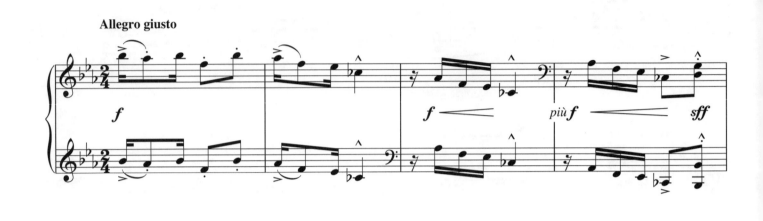

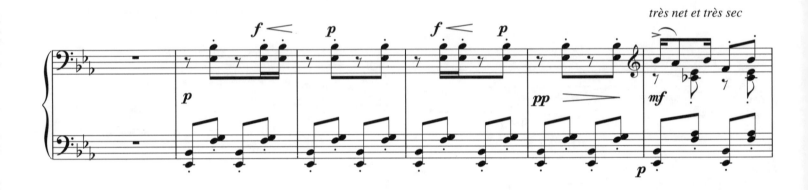

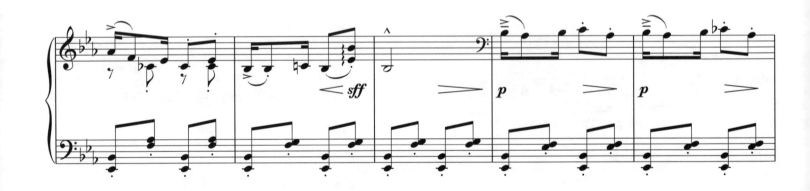

Deux arabesques
Arabesque No. 1

Claude Debussy
1862–1918

Arabesque No. 2

48

49

Le petit nègre

Claude Debussy
1862–1918

53

Suite bergamasque

Prélude

Claude Debussy
1862–1918

Moderato (tempo rubato)

Poco rit.   [a Tempo]

Menuet

Clair de lune

72

pp morendo jusqu'à la fin

Passepied

Pour le piano

Prélude

Claude Debussy
1862–1918

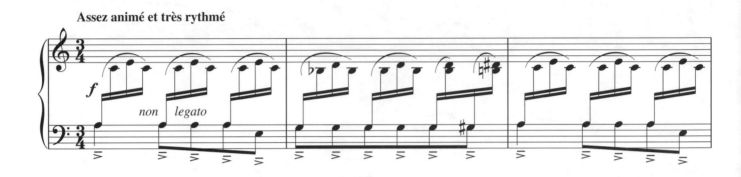

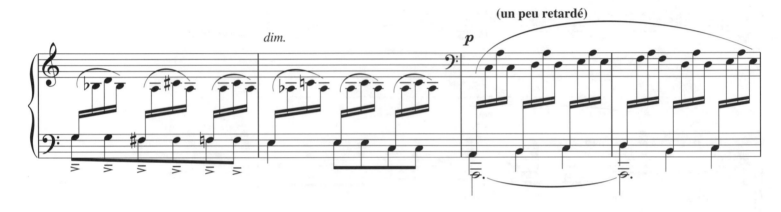

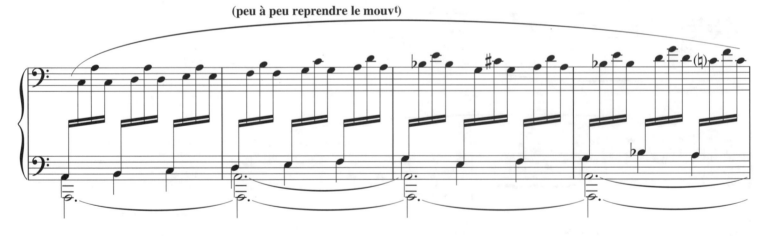

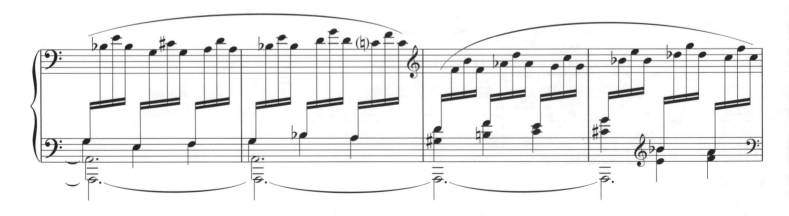

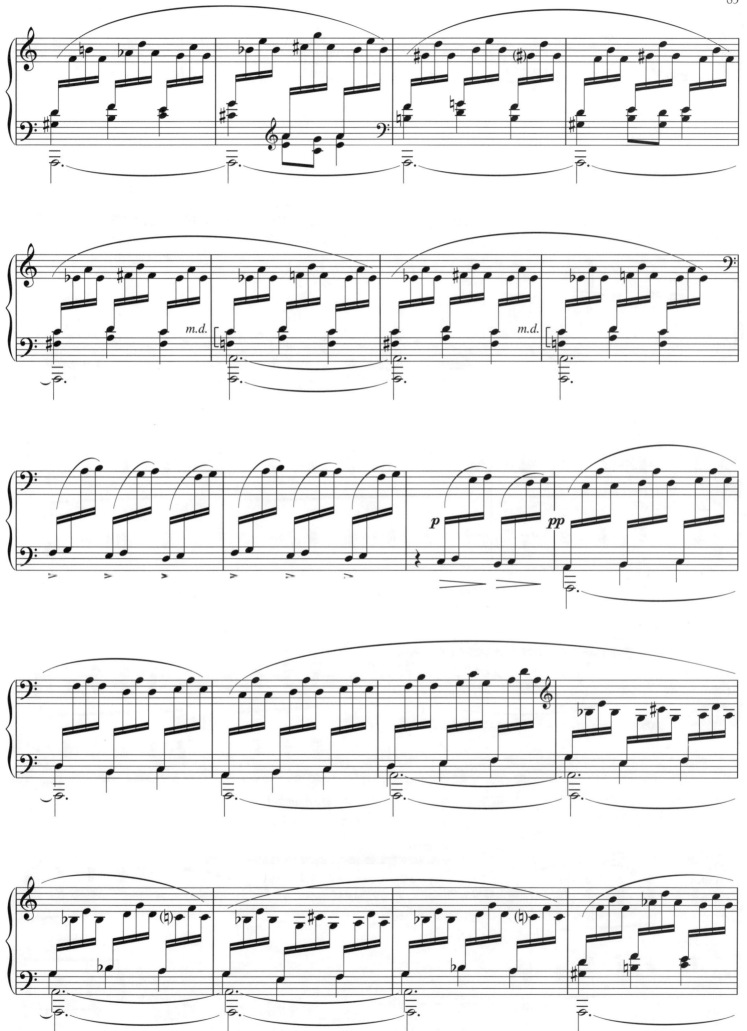

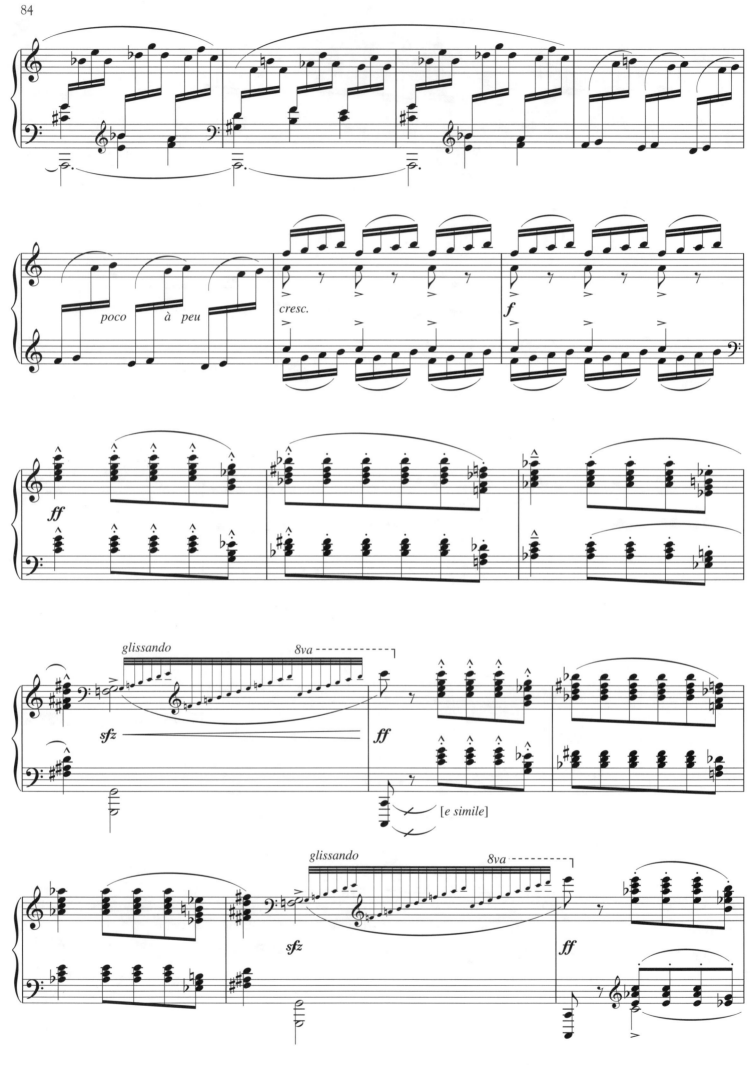

(peu à peu reprendre le mouv^t)

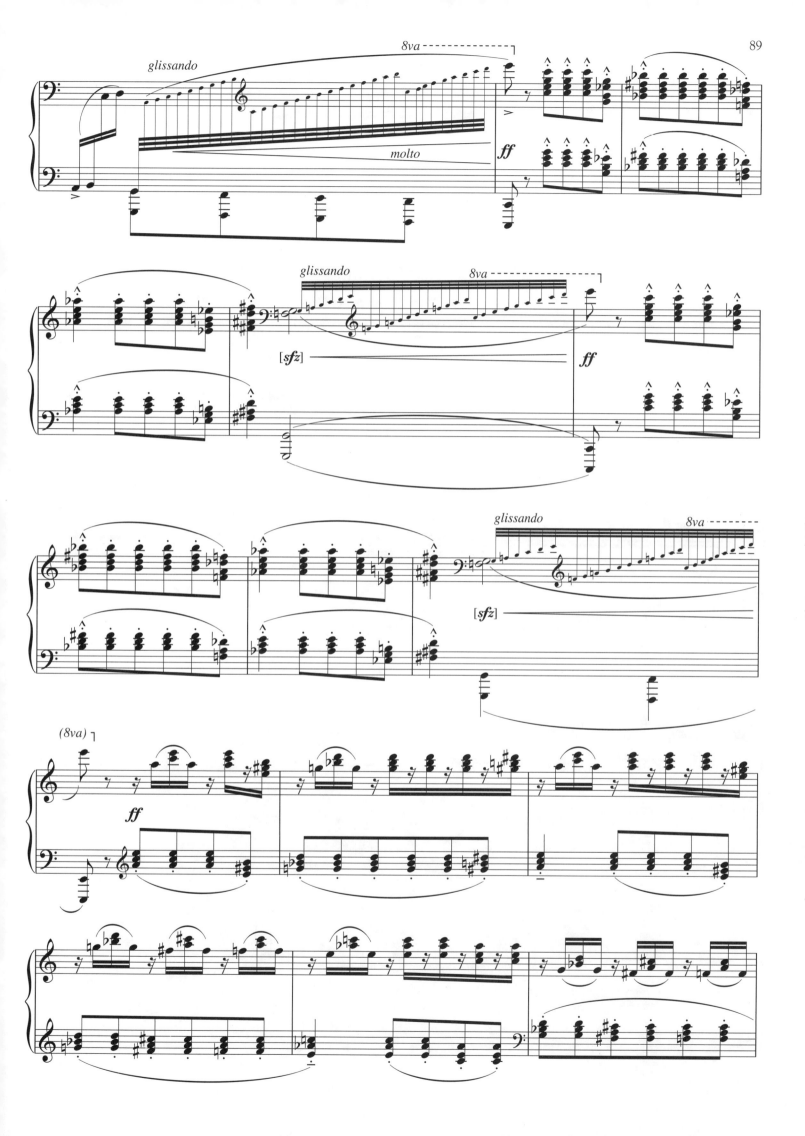

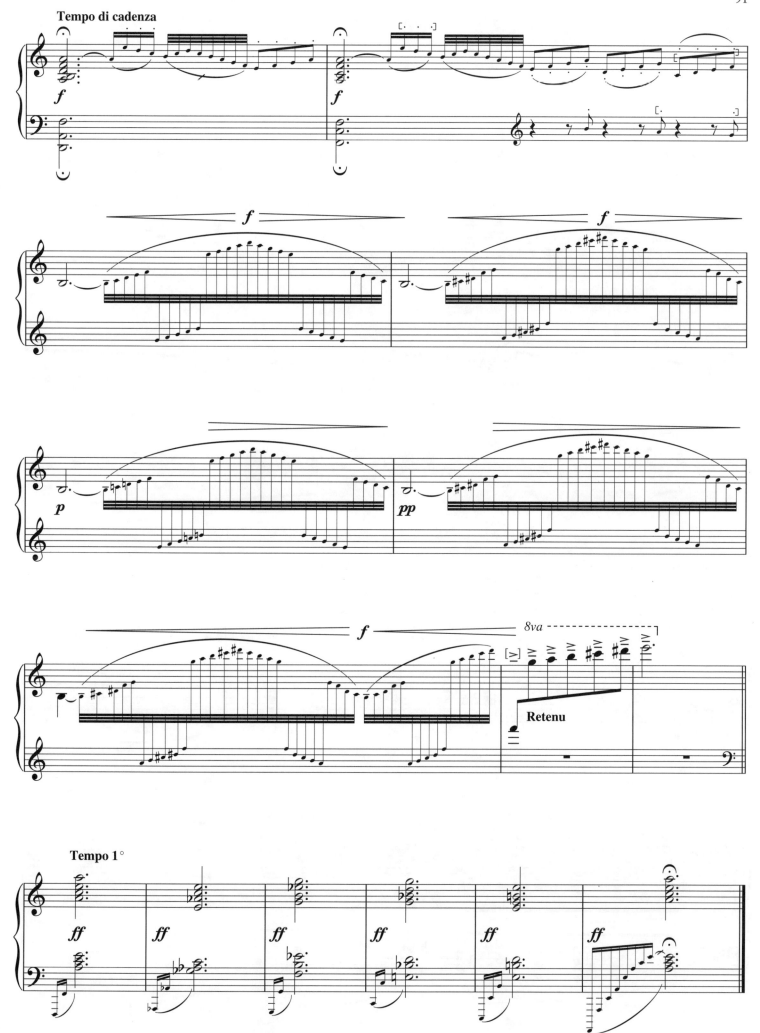

Sarabande

Avec une élégance grave et lente

94

Animez un peu

au Mouv t

Toccata

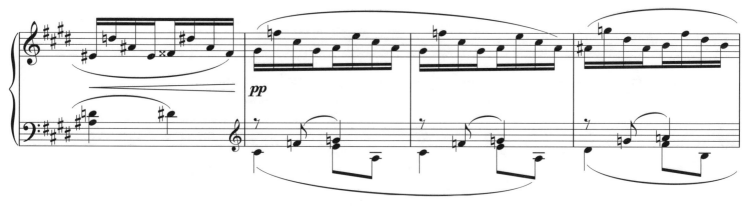

très léger

(les notes marquées du signe-expressives et un peu en dehors)

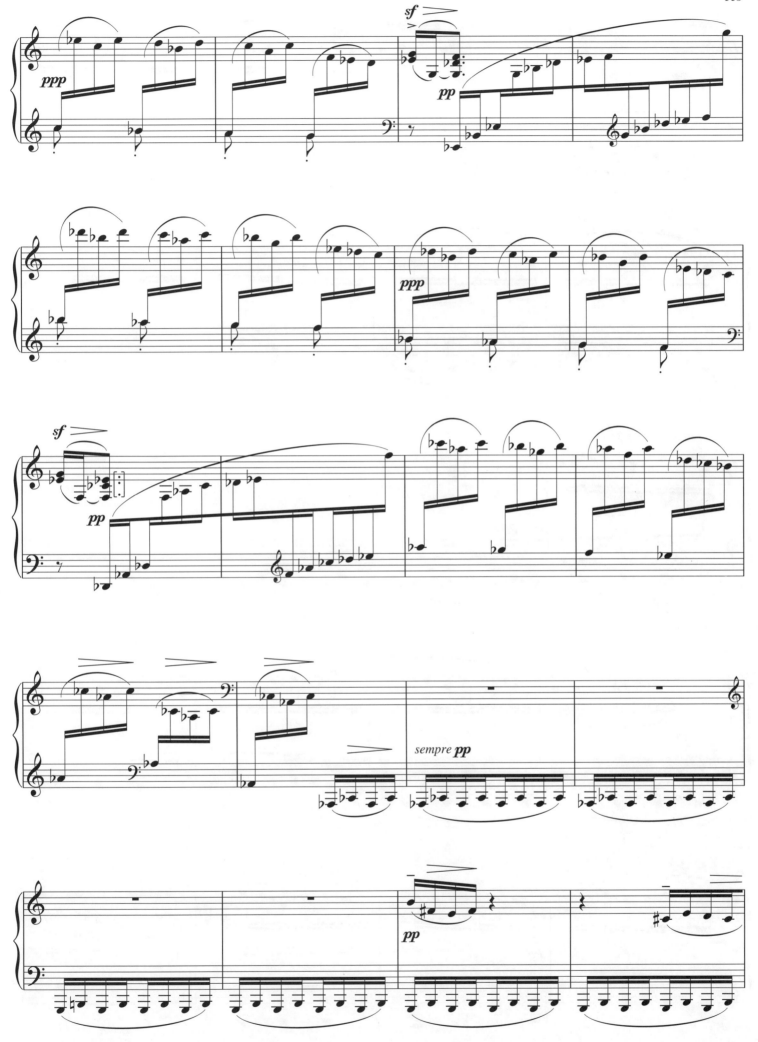

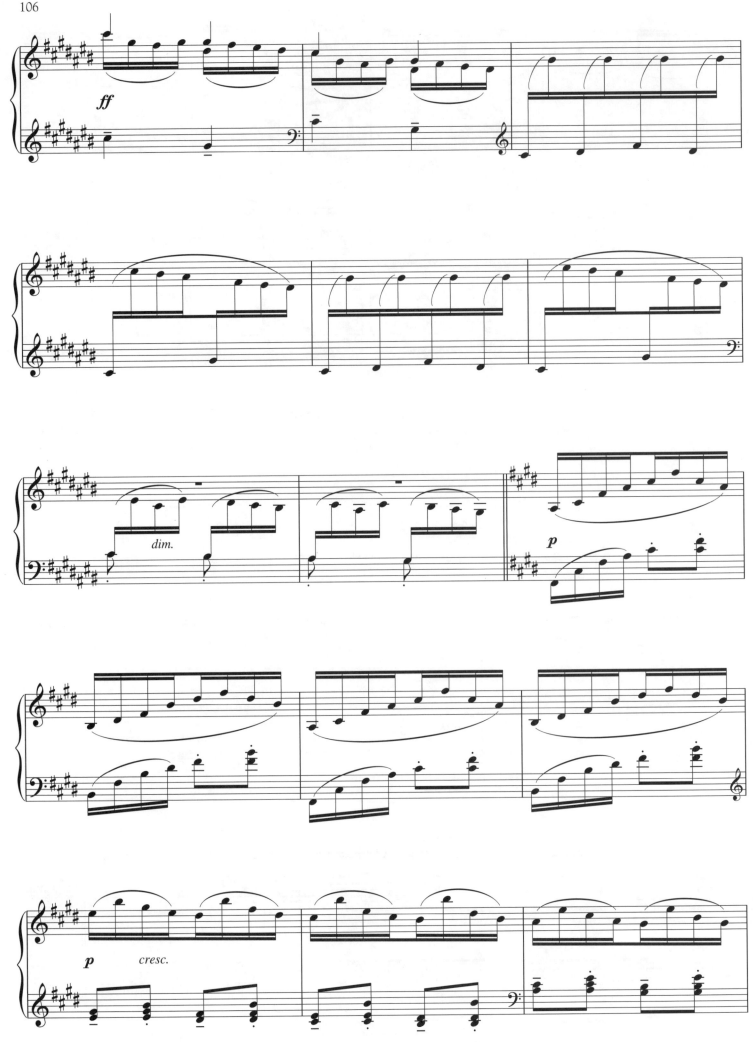

Images, series I
Reflets dans l'eau

Claude Debussy
1862–1918

Andantino molto
[Tempo rubato]

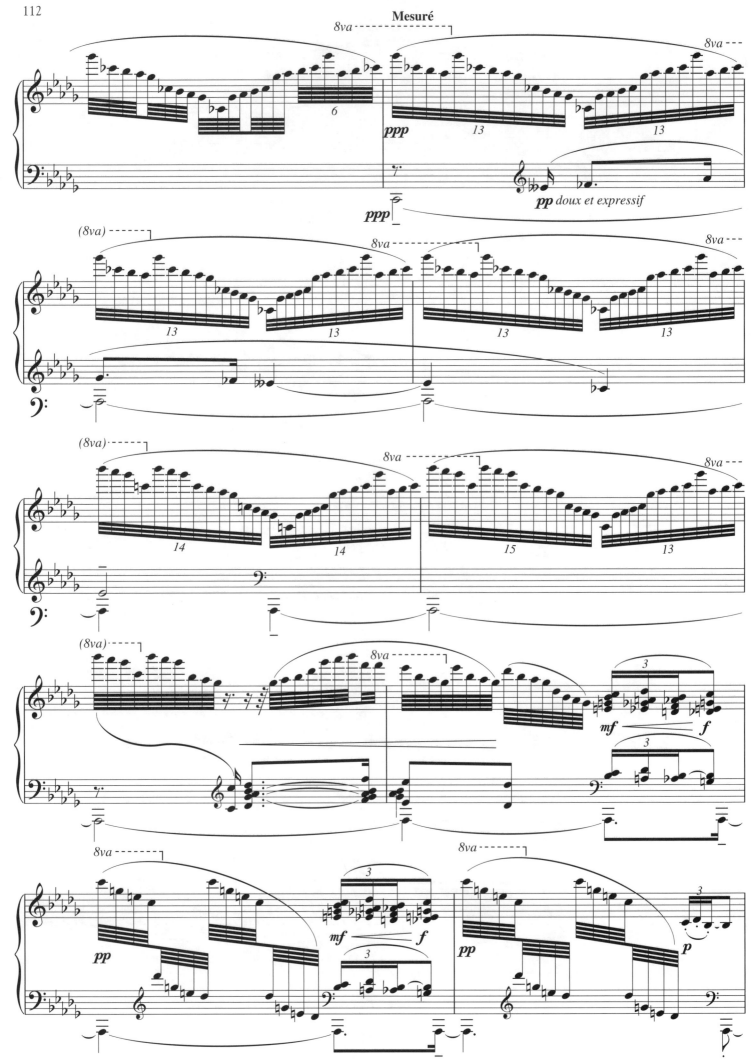

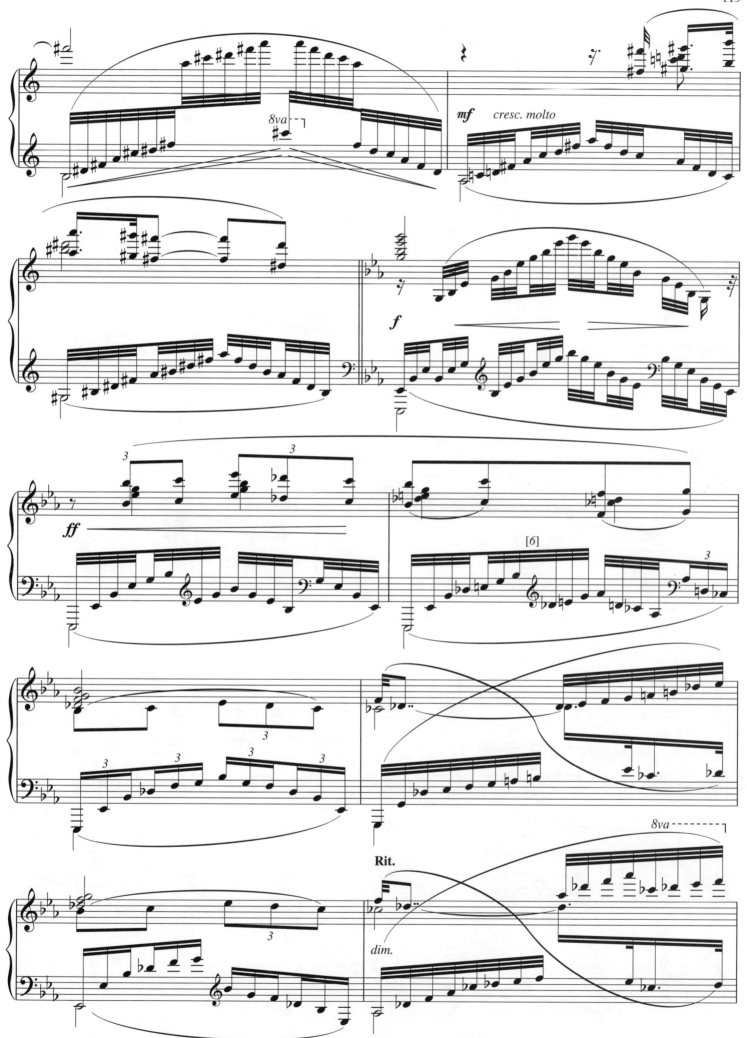

Rit.

p *(un peu en dehors)*

Lent *(dans une sonorité harmonieuse et lointaine)*

Hommage à Rameau

123

Mouvement

Animé (avec une légèreté fantasque mais précise)

laissez vibrer

[simile]

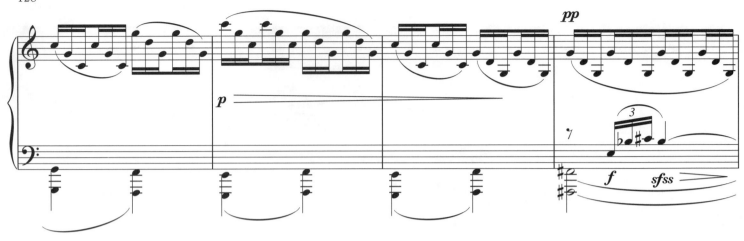

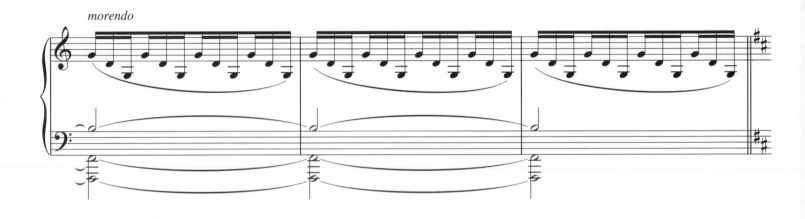

Toutes les notes marquées du signe– sonores, sans dureté,
le reste très léger mais sans sécheresse.

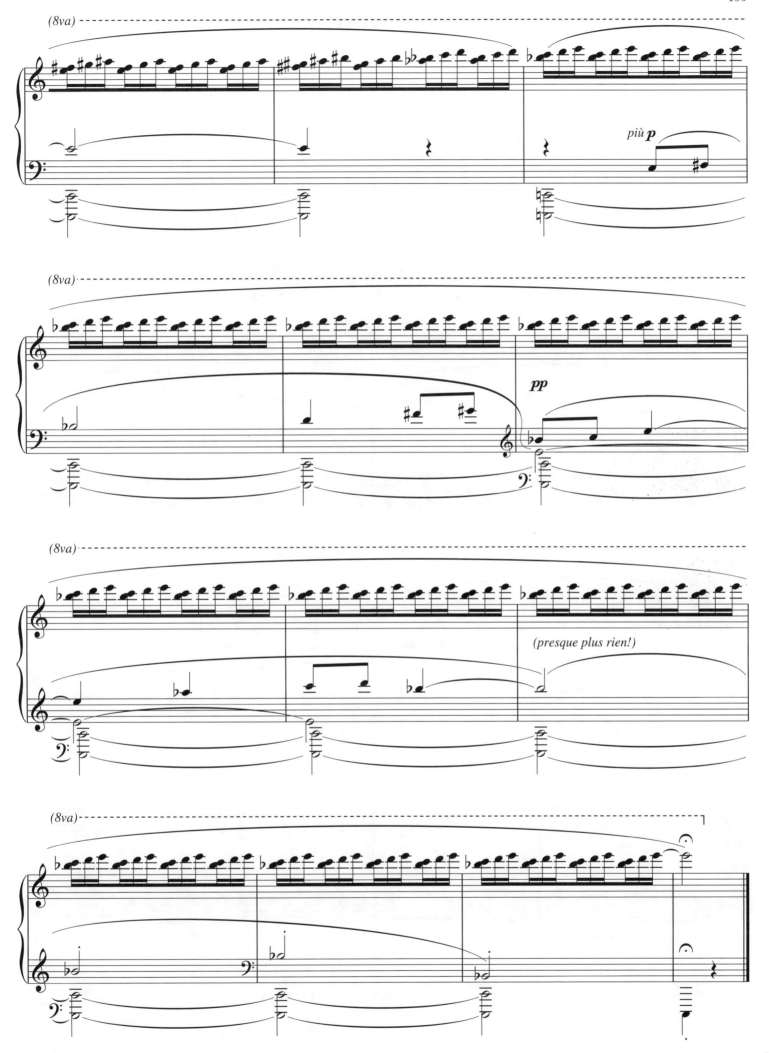

Rêverie

Claude Debussy
1862–1918

Andante sans lenteur (not too slowly)

pp *très doux et très expressif*
(gently, expressively)

meno p

mf

dim.

(This page has been intentionally left blank.)

Préludes, book I
Danseuses de Delphes

Claude Debussy
1862–1918

Lent et grave

doux et soutenu

doux mais en dehors

Voiles

Les sons et les parfums tournent dans l'air du soir

149

la basse un peu appuyée et soutenue

Cedez

Tranquille et flottant

Tempo

En retenant

Plus retenu

Comme une lointaine sonnerie de cors

Encore plus lointain et plus retenu

8vb

8vb

8vb

8vb

(This page has been intentionally left blank.)

Des pas sur la neige

La fille aux cheveux de lin

La cathédrale engloutie

Profondément calme *(dans une brume doucement sonore)*

Peu à peu sortant de la brume

Sonore sans dureté

Un peu moins lent *(dans une expression allant grandissant)*

Minstrels

au Mouvement

Préludes, book II
Feuilles mortes

Claude Debussy
1862–1918

Lent et mélancolique

doucement soutenu et très expressif

Un peu plus allant et plus gravement expressif

La puerta del vino

Bruyères

175

176

expressif

p
doux

p

p

p
doux

p

p

Cédez

//

più p

General Lavine – eccentric

Dans le style et le Mouvement d'un Cake-Walk

Spirituel et discret

Ondine

Scherzando

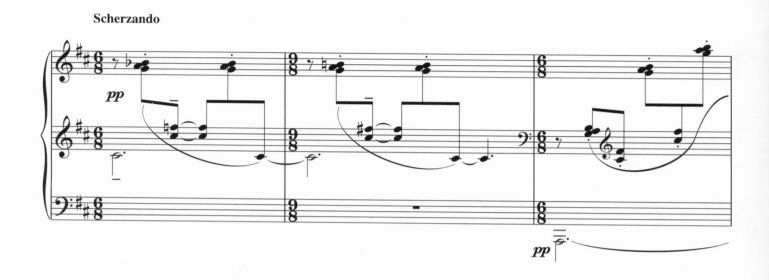

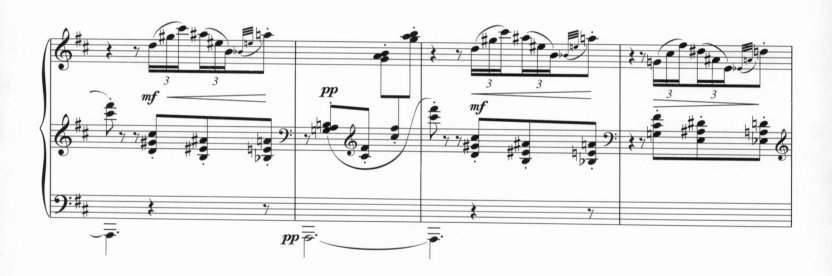

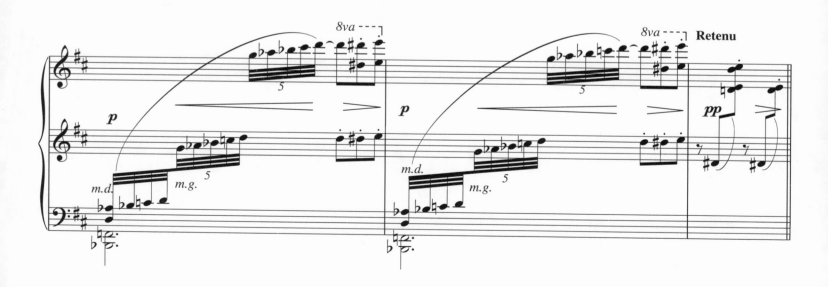

Hommage à S. Pickwick Esq. P.P.M.P.C.

Animez peu à peu

Canope

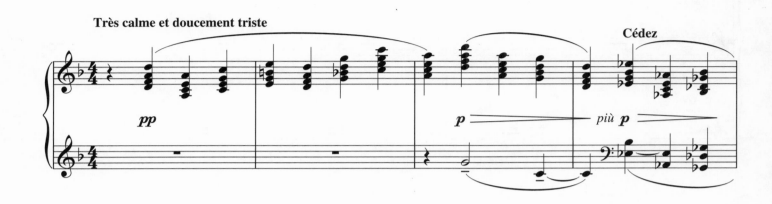

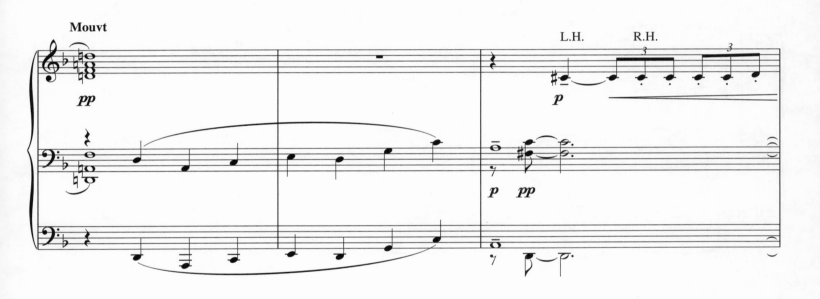

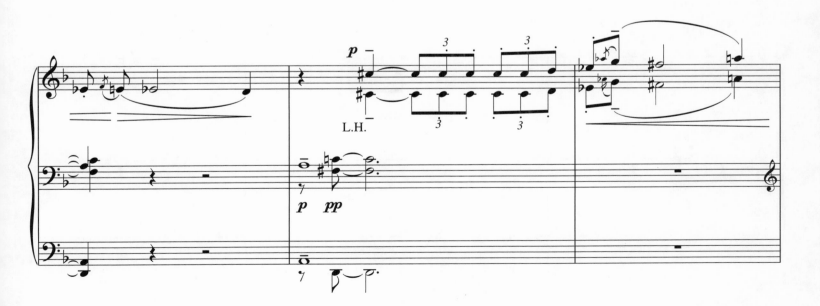

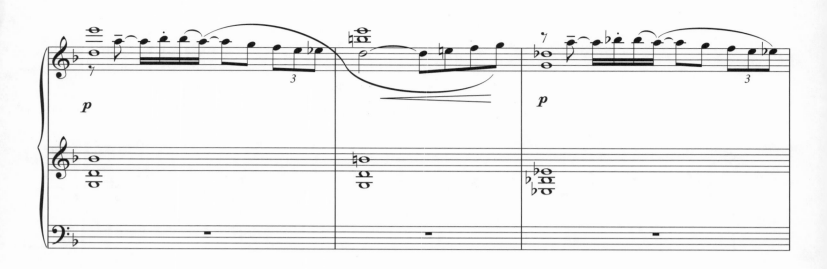

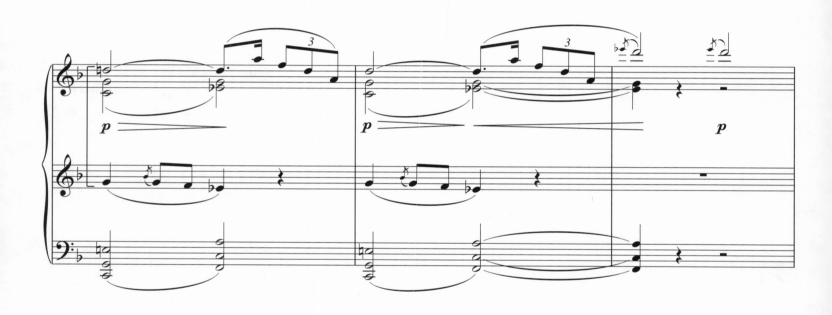

Animez un peu

La plus que lente

Valse pour piano

Claude Debussy
1862–1918

Hommage à Haydn

Claude Debussy
1862–1918

Berceuse héroïque

Claude Debussy
1862–1918

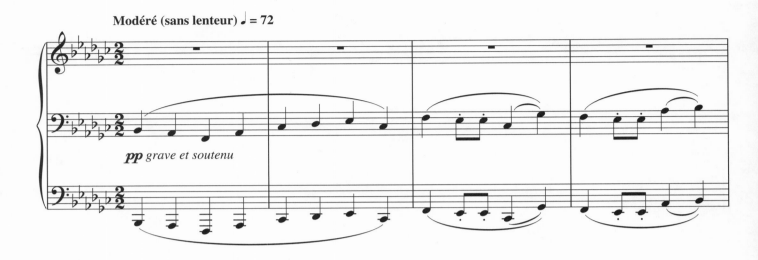

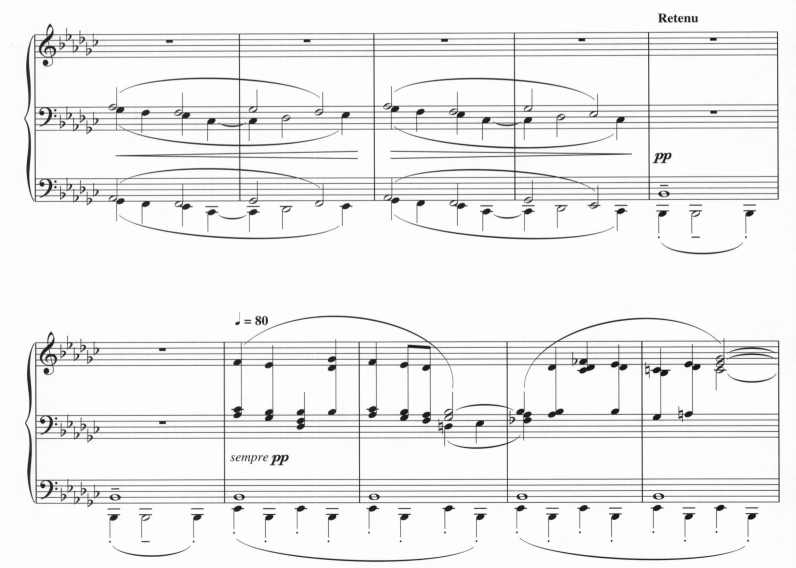

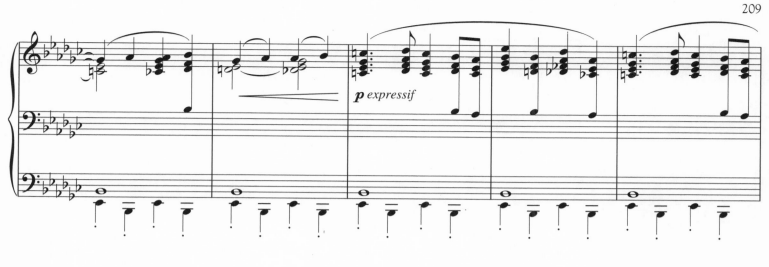

En animant et en augmentant peu à peu

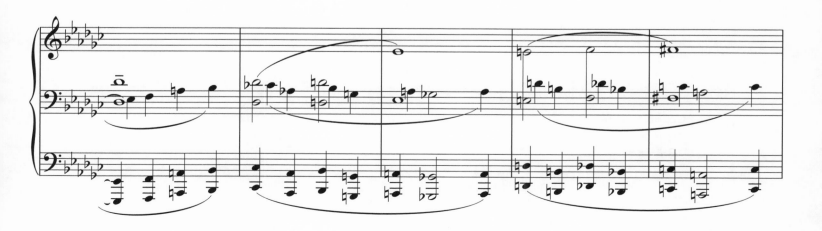

Plus calme

Revenir progressivement au Mouv^t

Danse bohémienne

Claude Debussy
1862–1918

Nocturne

Claude Debussy
1862–1918